Für Clara

Claudia Ondracek

Kleine Lesetiger

Katzengeschichten

Illustriert von Katharina Wieker

Loewe

Die Deutsche Bibliothek – CIP-Einheitsaufnahme

Kleine Lesetiger-Katzengeschichten / Claudia Ondracek.
Ill. von Katharina Wieker. – Bindlach : Loewe, 2001
(Lesetiger)
ISBN 3-7855-3971-1

Der Umwelt zuliebe ist dieses Buch auf chlorfrei gebleichtem Papier gedruckt.

ISBN 3-7855-3971-1 – 1. Auflage 2001

Umschlagillustration: Katharina Wieker
Reihengestaltung: Angelika Stubner
Redaktion: Rebecca Schmalz
Herstellung: Heike Piotrowsky
Gesamtherstellung: L.E.G.O. S.P.A., Vicenza
Printed in Italy

www.loewe-verlag.de

Inhalt

Auch Streifen begeistern 8

Auf Reisen 16

Neue Freunde 23

Nasse Federn 35

Auch Streifen begeistern

Kater Felix ist völlig entnervt.

Seit der feuerrote Perserkater
Anatol in der Straße lebt,
spielen alle Katzen verrückt.

Sogar Minze!
Früher ist sie mit Felix
durch die Felder gestromert.

Und sie haben zusammen Goldfische
aus dem Teich gefischt.
Das macht Minze alles nicht mehr!

Nein! Stundenlang leckt
und schleckt sie sich.

Und dann hockt sie mit den anderen
Katzen unter dem Balkon.

Dort thront nämlich Anatol
und prahlt mit seinem Leben
auf Marmorfußböden und Ledersofas.

Die Geschichten langweilen Felix.
„Kommst du mit auf Mäusejagd?“,
fragt er Minze.

Doch Minze murmelt nur verträumt:
„Ist das Feuerrot nicht hinreißend?“

Felix staunt: Das Fell ist es also –
und nicht die Geschichten.
Da kann ein getigerter Straßenkater
wie er natürlich nicht mithalten.

Oder doch? Felix hat eine Idee
und verschwindet um die Ecke.

Wenig später raunt eine Katze
Minze zu: „Kennst du den Kater da?
Der sieht ja witzig aus!“

Minze traut ihren Augen kaum.
„Felix, wo hast du denn
die grünen Streifen her?“

„Das ist jetzt Mode“, meint Felix.
„Hinreißend, findest du nicht?“

„Kommst du jetzt
vielleicht mit aufs Feld Mäuse jagen?"

Minze lacht und rennt hinter
Felix her.

Auf Reisen

Im Keller liegen ein aufgeklappter Koffer und Stapel von Klamotten. Zita weiß, was das heißt: Brigitte verreist.

Dann kommt wieder diese Frau von nebenan, um Zita zu füttern.

Aber Zita hat keine Lust auf
Trockenfutter und Wasser.

Neben dem Koffer steht eine Tasche.
Die ist voll gestopft mit Schuhen.
„Das ist ein super Versteck“, denkt Zita.
„Ich fahr mit!“

Zita verkriecht sich in der Tasche.
Da ist es eng und unbequem.
Und es müffelt furchtbar.
Ob sie lieber dableiben soll?

Aber da kommt schon Brigitte
und trägt die Tasche ins Auto.

Los geht's! Die Absätze drücken
in den Kurven da und zwicken dort.

Und wie das stinkt – nach Schweiß
und altem Käse. Zita hasst Käse!

Auch Nasezuhalten hilft nicht.
Zita ist schon ganz grün im Gesicht.

Plötzlich hält das Auto. Die Tasche
landet unsanft auf dem Boden.

Zita muss frische Luft schnappen.
Vorsichtig lugt sie
über den Taschenrand.

„Zita, was machst du denn hier!“,
sagt da eine Stimme. Ertappt!
Eine Hand nimmt Zita hoch.

„Wolltest du auf Reisen gehen?“, fragt Brigitte und krault Zita.

„Ich hab aber nur alte Klamotten und Schuhe weggebracht. Komm, du kleiner Ausreißer, jetzt fahren wir wieder heim!“

Neue Freunde

Clara sitzt im Hausflur
und zieht ihre Inlineskates aus.
Da raschelt es unter der Treppe.

Was das nur sein mag?
Clara schaut nach.

Ganz hinten in der Ecke
sitzt ein graues Kätzchen.

Da kommt Clara nicht hin.
„Komm her!“, ruft sie.
Aber das Kätzchen hat Angst.

Zum Glück sammelt Clara alles,
was sie findet, in den Hosentaschen.
Da ist auch eine Schnur dabei.

Damit lockt sie das Kätzchen.
Es klappt!

Sie rennen im Flur hin und her.
Clara läuft vorneweg
und das Kätzchen hinterher.

Die Treppenstufen hoch und runter
macht es noch mehr Spaß.

Clara fischt eine Murmel
aus ihrer Hosentasche. Wie schön
die auf dem Boden klappert!
Das Kätzchen jagt ihr hinterher.

Aber manchmal muss Clara auch
selbst danach suchen.

Dann sind beide außer Atem.
Clara setzt sich. Das Kätzchen
schmiegt sich an sie.

Wie weich das Fell ist.
Wem das Kätzchen wohl gehört?
Ob Clara es einfach behalten kann?

Da scheppert eine Haustür.
„Peppa, mein Kätzchen, wo steckst du nur?“, ruft eine Stimme.

Clara schaut die Treppe hoch.
Es ist die alte Frau Lehne.
Sie wohnt im zweiten Stock.

Aus der Traum!
„Peppa ist hier!“, ruft Clara
und trägt das Kätzchen hoch.

„Danke, Clara“, sagt Frau Lehne.
„Peppa haut immer wieder ab.
Willst du sie füttern?“

Was für eine Frage!
Clara öffnet die Dose und löffelt
das Futter in den Katzennapf.

Peppa stürzt sich darauf.
„Friss langsam“, sagt Clara.
Aber wer spielt, hat auch Hunger!

Später macht Clara mit Frau Lehne das Katzenklo sauber. Das stinkt ganz schön. „Aber Klo ist Klo“, sagt Frau Lehne.

Zur Belohnung gibt es Kakao – und für Peppa verdünnte Milch.

Dann muss Clara gehen.
Aber das Kätzchen will sich nicht
von ihr trennen.

Frau Lehne lacht. „Ich glaub,
Peppa will, dass du wieder kommst.“

Clara nimmt Peppa auf den Arm.
„Morgen, hab ich gedacht!“
Sie schaut Frau Lehne an –
und die nickt.

Nasse Federn

„Das kitzelt lustig an den Pfoten“,
denkt Marla.

Und wie schön die Federn durch die
Luft tanzen. Marla jagt ihnen hinterher.

Plötzlich packt sie eine Hand.
„Bist du verrückt, Marla!“,
schimpft ihr Frauchen.

Sie sperrt Marla in ein anderes
Zimmer. So eine Spielverderberin!

Aber was ist denn das?
Draußen vor dem Fenster tanzen
viele weiße Punkte herum.

„Da sind ja noch mehr Federn“,
denkt Marla aufgeregt.
„Die wollen mit mir spielen.“

Schnell huscht Marla durch ihre Katzenklappe.

Begeistert verfolgt sie das lustige Treiben um sich herum.

Da landet ein weißer Punkt mitten auf Marlas Nase. Das kitzelt überhaupt nicht! Das ist nur kalt!

„Euch krieg ich!“, miaut Marla. Sie setzt zum Sprung an.

Doch ihre Pfoten rutschen weg.
Marla landet auf dem Bauch.

Ihr Fell ist ganz nass.
„Blödes Spiel!“, faucht sie.

Da rumst es fürchterlich: Etwas Großes, Weißes stürzt vom Dach herunter ...

... und direkt auf Marla.

Marla wird unter einem
weißen Berg begraben.
Nur ihr Kopf schaut noch raus.

Erschrocken schüttelt sie sich.
Jetzt ist sie pitschnass: von den Ohren
bis zum Schwanz.

Marla verzieht sich schnell
wieder ins Haus.

„Spielt doch ohne mich, ihr blöden
Federn“, maunzt sie wütend.
„Kissenschlachten mag ich nicht!“

Claudia Ondracek wurde 1966 geboren. Nach ihrem Geschichtsstudium arbeitete sie jahrelang als Lektorin in einem Kinderbuchverlag. Anschließend machte sie sich als freie Lektorin und Autorin selbstständig.

Katharina Wieker, geboren 1964, ist von Beruf Trickfilmzeichnerin. Seit 1993 illustriert sie auch Kinderbücher, was ihr großen Spaß macht. Katharina Wieker lebt mit ihrer Tochter in Berlin.

LESETIGER

Erster Leseerfolg

Kleine Bildergeschichten

zum ersten Lesen

Loewe